PROMENADES POÉTIQUES

ET

DAGUERRIENNES.

CHANTILLY

(OISE),

Avec six Vues photographiées et Notes historiques,

PAR

LOUIS - AUGUSTE MARTIN.

Sténographe de l'Assemblée Nationale.

PARIS,

CHEZ COMON ET Cie, QUAI MALAQUAIS, 15.

1851

PROMENADES POÉTIQUES

ET

DAGUERRIENNES.

<hr>

CHANTILLY,

(Oise.)

AVEC SIX VUES PHOTOGRAPHIÉES ET NOTES HISTORIQUES.

PAR

Louis-Auguste MATIN,

Sténographe de l'Assemblée nationale.

PARIS,

CHEZ COMON ET Cᵉ, 15, QUAI MALAQUAIS.

—

1851

Écuries de Chantilly.

CHANTILLY.

Enfin me voilà libre, et, sans perdre un seul jour,
Je cherche aux environs un gracieux séjour,
Des sites variés, des campagnes fleuries,
L'ombre fraîche des bois, la senteur des prairies,
Un asile d'où rien ne pourra m'enlever,
Où je vais, à loisir, respirer et rêver.

Grâce aux chemins de fer qui sillonnent la France,
Aussitôt qu'on désire, aussi vite qu'on pense,
On se trouve soudain, à peine est-on assis,
Dans un autre climat, près et loin de Paris.

Je choisis, vers Senlis, un vrai lieu de plaisance,
Jadis fief important, princière résidence,
Belle encore aujourd'hui dans ses atours nouveaux,
Mais veuve, désormais, de ses hôtes royaux,
CHANTILLY dont le nom réveille en la mémoire
Bien des traditions de plaisir et de gloire,
Apanage opulent, château seigneurial,
Fêtes, chasses, combats du vieux temps féodal,

Et qui fait, de nos jours, tressaillir d'espérance
Les plus fameux jockeis d'Angleterre et de France,
Quand le printemps ramène, avec les chants d'oiseaux,
Sur le grand tapis vert les courses de chevaux.

C'est là qu'avec ma femme il me plait d'aller vivre
Cette année, incertain de celle qui va suivre.

Chantilly, si l'on quitte ou Luzarche ou Gouvieux,
Révèle à son entrée un peuple industrieux.
De son antique éclat cette ville amoindrie
A d'un lustre nouveau brillé par l'industrie.
Un canal à ses pieds coule en deux bras féconds,
Attirant sur ses bords des groupes de maisons,
De nombreux ateliers et de vastes usines
Qui font retentir l'air du bruit de leurs machines.

Contraste du travail et de l'activité

Comme on en voit autour d'une grande cité,

Avec le commerce humble, au jour le jour, tranquille,

Et la profonde paix du reste de la ville.

C'est là qu'au temps heureux des vacances, l'Été,

On fait provision de calme et de santé,

Que le petit rentier, défiant la vieillesse,

Du moindre revenu se fait une richesse,

Et trouve en son jardin, auprès de sa maison,

Et d'abondantes eaux et de l'air à foison.

J'aime de ces villas la file prolongée

Qui, sur la grande Rue en magasins rangée,

De l'autre côté borde et domine, à la fois,

Par dessus les jardins, la pelouse et les bois ;

La pelouse, une plaine immense et toujours verte,

A tous les feux du jour, à tous les vents ouverte ;

Tapis large et moelleux où l'on aime à passer

Quand une brise douce y vient nous caresser,

Quand rit la paquerette, et le bouton d'or brille,

Quand on y voit sauter, courir la jeune fille,

Et des blanches brebis le troupeau, tout le jour,

Tondre l'épais gazon qu'il féconde en retour.

Mais, deux fois l'an, la foule aux rumeurs importunes,

Encombre cet espace, et du haut des tribunes,

Élégants pavillons assis au bord du bois.

Aiguillonne et poursuit du geste et de la voix,

Cavaliers et coursiers à la belle encolure,

Qui dispersent au loin la terre et la verdure.

Deux fois l'an Chantilly, renonçant au repos,

De bruyantes clameurs voit troubler ses échos ;

Voitures et chevaux se disputent la place,

Luttant à qui le mieux dévorera l'espace ;

Et, chassant avec bruit les piétons devant eux,

Transforment la pelouse en champ de Mars poudreux.

Quel est ce monument de moderne structure
Comme un Louvre étalant sa vaste architecture?
Est-ce un palais superbe où venaient, autrefois,
Après de grands combats, se reposer des rois?
Non ! ces longs corridors, ces cours, ces salles hautes
N'avaient princes ni rois, mais des chevaux pour hôtes;
Et sans les attributs, aux portes incrustés,
Des plaisirs de la chasse et de ses cruautés.
Rien de ce monument ne trahirait l'usage.
Aujourd'hui solitaire il montre davantage
Par son morne silence, aux yeux du voyageur,
Des fils du grand Condé la futile splendeur.

Au bout de la pelouse, en descendant la pente,
La *Capitainerie*, au toit bas, se présente;
Des vieux Montmorency c'est l'élégant château,
Qui se baigne dans 'onde, oublié du marteau.

Un autre l'abritait de ses hautes tours grises

Dont les bases encore à côté sont assises,

Il formait avec lui ce séjour admiré

Que le temps a détruit, que l'homme a restauré,

Et que le grand Condé remplissait de sa gloire

Quand il s'y reposait après chaque victoire ;

Tout me rappelle ici sa présence et ses pas :

Le récit animé de ses brillants combats

De tableaux immortels orne une galerie,

Et montre à tous les yeux sa plus noble Armoirie.

    Plus loin est le château d'Enghien, au grand balcon.

D'où le regard embrasse un magique horizon :

Beau ciel, forêt, bassin, cascade rugissante,

Canaux si transparens qu'on dirait l'eau dormante.

Verts tapis de gazon semés de mille fleurs,

Parterres émaillés de riantes couleurs
Entre deux rangs de buis artistement mêlées.
Sentiers aux longs détours, labyrinthes d'allées
Où l'on aime à se perdre ; admirables bouquets
D'arbustes odorants arrondis en bosquets.
Ile et temple d'amour, souvenirs de Régence
Qui des derniers Condés révèlent la licence,
Où Vénus Callipyge, étalant ses beautés,
Sollicite à l'amour bien moins qu'aux voluptés.
Bois ombreux de Sylvie, aux longues avenues
En droit alignement toujours entretenues.
Vieux arbres vers le ciel lancés, siècles vivants,
Impassibles témoins de tant d'événements :
Ils ont vu, tour à tour, venir et disparaître,
Grandir et prospérer, et tomber plus d'un maître ;
Survivant au destin du dernier possesseur,
Ils règnent dans le parc, loin du fer destructeur,
Et prodiguent encor, près de l'eau murmurante,
A tous les visiteurs leur ombre indifférente.

Surtout j'aime explorer et parcourir les bois,
Depuis la grande Table où s'asseyaient des rois,

Jusqu'aux vastes étangs, à l'eau verdâtre et sombre,
Où, comme un grand fantôme, à demi voilé d'ombre,
Se mire un blanc castel, aux gothiques contours.

Une tradition, rappelant d'anciens jours,
L'a, dès longtems, paré du nom de *Reine Blanche*.
A ses pieds l'eau bouillonne ainsi qu'une avalanche,
Et répand dans les airs des bruits sourds modulés,
Comme un gémissement des siècles écoulés.

Ici, plus d'un Condé, retenant la poursuite

D'une meute aux abois après le cerf en fuite,

Disputa noblement à son dernier piqueur

De l'éventrer tout vif l'incomparable honneur.

Aujourd'hui, dans ces bois règne un morne silence ;

On n'entend autre bruit que l'oiseau qui s'élance,

Que la feuille qui tombe et l'herbe qui frémit,

L'insecte qui bourdonne et le vent qui gémit ;

Et souvent, tout le jour, au bout du sentier sombre,

D'aucun de ses pareils on ne voit surgir l'ombre.

De la vie ordinaire un instant délié,

On se croit seul au monde, oubliant, oublié.

Mais ce calme n'inspire aucun sentiment triste,

Ni le bien-être froid du tranquille égoïste ;

Non, pour l'homme qui pense, il est, au fond des bois,

D'intimes entretiens, d'harmonieuses voix,

Un doux recueillement qui l'élève et l'épure.

Heureux qui peut, un mois, vivre avec la nature !

Ce contact bienfaisant donne au corps la santé,

Donne à l'âme la paix et la sérénité.

Septembre 1850.

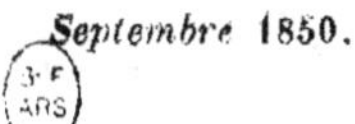

Page 3.   CHANTILLY dont le nom réveille en la mémoire.....

CHANTILLY (Oise), à 9 lieues, au nord, de Paris.

L'origine de Chantilly se perd dans la nuit du moyen-âge. La fertilité du sol, l'abondance des eaux vives, le voisinage d'une grande forêt avaient sans doute attiré déjà la convoitise des conquérants romains ; on montre encore sur les hauteurs qui dominent l'Oise, entre Gouvieux et Chantilly, les restes d'un camp romain, connu sous le nom de *Camp de César*. Quelle que soit l'authenticité de cette tradition, elle s'accorde avec les avantages de la situation locale, et il n'est pas impossible qu'un détachement militaire se soit fixé là, dès le commencement de la conquête, pour protéger la colonie fondée sur l'emplacement de Senlis. Mais les véritables annales de Chantilly ne remontent qu'à la fin du 9e siècle, alors que Rothold, héritier d'Hébert, comte de Senlis, en eut la possession particulière ; encore n'offrent-elles d'autre intérêt que celui de successions de familles à familles et ne sont-elles marquées d'aucun événement important.

A Rothold succéda Foulques en 1027, Landry en 1060, puis l'illustre famille des Bouthilliers qui se disait issue de Charlemagne, après laquelle Chantilly fut définitivement détaché de Senlis par suite de la cession que Guillaume VI en fit au sire d'Esquerie, lequel le donna à Jean de Laval en 1350. De cette maison, Chantilly passa en celle d'Orgemont, qui la transmit aux Montmorency. Il avait acquis peu à peu l'importance d'un château seigneurial ; aussi les Anglais s'en étaient-ils rendus maîtres au commencement du 15e siècle ; mais ils ne jouirent pas longtemps de cette possession, car il furent forcés de l'évacuer en 1429, lors de la délivrance de Compiègne par Jeanne d'Arc.

La famille des Montmorency l'érigea en châtellenie, l'accrut et l'embellit considérablement, et y donna des fêtes à plusieurs souverains ; François de Montmorency y reçut Charles IX, et Henri de Montmorency y reçut Henri IV.

Henri de Montmorency, s'étant déclaré en faveur du duc d'Orléans contre Louis XIII, et pour ce fait, ayant été condamné et décapité à Toulouse, en 1632, le duché de Montmorency fut confisqué au profit d'Henri de Bourbon, prince de Condé, et, désormais Chantilly fut, jusqu'à nos jours, l'apanage de la famille des Condés, et commença avec elle son ère la plus florissante. Le grand Condé mit tous ses soins à l'embellir et sut en faire la plus belle résidence des environs de Paris. Le vieux château tombant en ruines, ses débris servirent à la construction d'un nouveau plus considérable; les premiers fondements d'un hôpital et d'une église furent jetés; la forêt se sillonna de ces belles avenues qui existent encore; de magnifiques jardins se dessinèrent sous la direction du célèbre Lenôtre; des canaux, alimentés par la rivière de la *Nonette*, furent creusés, et une machine hydraulique y puisa des eaux abondantes pour les déverser dans le réservoir de la pelouse et dans plusieurs fontaines. Enfin, Condé rassembla dans cette retraite tous les agréments que le luxe et les arts de l'époque purent lui fournir, et réussit à la faire envier par Louis XIV lui-même; celui-ci lui ayant un jour proposé de la lui vendre en reçut cette réponse : « A condition que j'en serai le concierge. » Le roi comprit et n'insista pas. Bossuet, parlant de la vie paisible de Condé à Chantilly, s'exprime ainsi : « On le voyait s'entretenir avec ses amis dans ces superbes allées, au bruit de ces eaux jaillissantes qui ne se taisaient ni jour ni nuit. »

Madame de Sévigné nous a conservé les détails d'une des fêtes splendides que Condé donna à Louis XIV, et qui fut signalée par la fin tragique de Vatel, le célèbre maître d'hôtel, qui se tua de désespoir pour un plat manqué.

Les fils du grand Condé complétèrent son œuvre, l'un en faisant achever l'église et exécuter le parc de Sylvie, digne de ceux de Versailles et de Saint-Cloud, et que le poète Santeuil a chanté dans ses vers; un autre, en faisant construire ces grandes écuries semblables à un palais, et destinées à un nombreux personnel de chevaux, de meutes et de valets. Le septième prince de Condé fit construire, en 1723, un hôpital ouvert principalement aux incurables des deux sexes, et pouvant contenir soixante-douze lits. Sous la première République, cet hôpital, administré au nom de l'État, reçut en outre des femmes en couches et des enfans trouvés, et, de plus, entretint un maître d'école pour les enfants pauvres. La Restauration restreignit ces bienfaits, et désormais l'hôpital ne reçut que quarante vieillards sédentaires, vingt hommes et vingt femmes, désignés encore sous le nom de *cadets* et de *cadettes*.

Enfin, un dernier Condé fit ériger pour son fils, le duc d'Enghien, né en 1772, ce château, pareil à une caserne, qui domine le parc du haut de la terrasse, et dont un des précepteurs du duc d'Aumale habite aujourd'hui la solitude.

Quelques-uns des nombreux ouvriers attirés à Chantilly par les travaux considérables entrepris à diverses époques, s'établirent aux environs du château et fondèrent un village dont l'extension s'accrut surtout depuis la construction des écuries. Mais quand les travaux manquèrent, il fallut suppléer à leur interruption, de là naquirent plusieurs industries, encouragées par les princes de Condé, et qui ajoutèrent un nouveau lustre à Chantilly. En 1710, une fabrique de blondes s'établit, et acquit une certaine importance. Ce premier succès fit naître plusieurs fabriques de dentelles dont quelques-unes existent et prospèrent encore.

En 1735 fut fondée sur les bords de la *Nonette* une manufacture de porcelaines qui ne tarda pas à devenir très florissante, grâce à une habile direction ; aujourd'hui, il faut le dire, elle a bien déchu de son ancienne prospérité.

Avant la Révolution, Chantilly était gouverné par un intendant du château, comme propriété seigneuriale ; mais sous la République, ce domaine ayant été érigé en propriété nationale, fut morcelé et devint chef-lieu d'administration cantonale. Sous l'Empire, il fit partie de la circonscription de *Creil*, et depuis, il devint une ville plus importante par son industrie que par son étendue. La reine Hortense eut pendant quelque temps, pour apanage, la forêt de Chantilly, mais la Restauration fit restituer à la famille de Condé cette propriété, fort entamée par suite de cessions de terrains et par le marteau de la Bande noire. Le duc de Bourbon, héritier de la fortune et des habitudes de ses ancêtres, chercha vainement à rendre à Chantilly son antique splendeur ; il ne put que faire revivre les magnifiques chasses qui avaient fait les délices de la cour ; il entretint à grands frais du gibier et des meutes, et mit jour et nuit sur les dents de nombreux garde-chasses pour dépister les braconniers, mais c'en était fait du prestige seigneurial.

Peu de temps après la Révolution de 1830, on songea à profiter de la grande pelouse et des écuries pour établir des courses rivales de celles du Champ-de-Mars et de celles de l'Angleterre ; les premières ayant eu un grand succès, elles continuèrent d'avoir lieu régulièrement au mois de mai et au mois d'octobre de chaque année.

Le duc de Bourbon étant mort sans enfants, laissa son domaine de

Chantilly au duc d'Aumale, qui en est encore l'heureux propriétaire, mais qu'un exil, on peut dire volontaire, en tient momentanément éloigné.

Page 6.   Quel est ce monument de moderne structure....

La pelouse recouvre d'immenses carrières d'où l'on a extrait une grande partie des matériaux qui ont servi à construire les écuries. Cet édifice fut commencé en 1719 et terminé en 1735, ainsi que le constate une inscription placée dans l'intérieur ; il peut contenir deux cents chevaux. Les logements supérieurs furent réservés au nombreux personnel des palefreniers, des piqueurs et autres gens de service spécialement chargés du soin des chevaux, des meutes et de tout ce qui concernait la chasse.

Page 7.   La *Capitainerie*, au toit bas, se présente.

C'est Anne de Montmorency, grand connétable de France, qui fit bâtir ce petit château formé de trois ailes de bâtiment ; il communiqua à l'ancien château par un pont qui existe encore, et fut embelli de tout ce que le luxe et les arts offraient alors de plus magnifique ; on voyait dans ce château une bibliothèque considérable, des tableaux, des cabinets de physique, de minéralogie, et de curiosités diverses telles que des armures de plusieurs époques, entre autres celle de Jeanne d'Arc ; tous ces objets, sous la première République, furent transportés à Paris. Lorsque le grand château fut acheté et démoli par la *bande noire*, le petit château ne fut épargné que parce que les acquéreurs n'ayant pas rempli les clauses de la vente, l'empereur les en déposséda, et un régiment de cavalerie y fut installé. Le dernier Condé, une fois remis en possession de ce château, y fit replacer les tableaux représentant les batailles du grand Condé, exécutés par Just, et qui avaient été portés à l'hôtel des Invalides ; puis il fit restaurer les ornements un peu dégradés et remettre en place plusieurs objets de curiosité qu'il parvint à retrouver.

On admire, dans ce château, des peintures burlesques du célèbre Watteau, une table ronde formée d'un seul cep de vigne, et un buste en cire de Henri IV, exécuté, dit on, d'après nature, le lendemain de la mort tragique de ce roi.

Page 10.   Où comme un grand fantôme à demi voilé d'ombre.....

Au bout des étangs de Commelle, qui sont au centre de la forêt, apparaît un castel gothique dont la tradition fait remonter l'origine au temps de Louis IX ; là, dit-on, la pieuse reine Blanche venait goûter les douceurs de la solitude et se dérober aux bruits de la cour. Mais il n'en reste plus que les bases, sur lesquelles on construisit d'abord un moulin, et ensuite le petit castel gothique et élégant que l'on voit aujourd'hui et qui sert de rendez-vous de chasse et de promenade ; près de là se trouve la maison du garde où, pendant la belle saison, et surtout à l'époque des courses, viennent se reconforter de fréquentes et joyeuses caravanes.

FIN.

PARIS. — Typographie FÉLIX MALTESTE et Cie, 22, rue des Deux-Portes-St-Sauveur.

Ouvrages du même Auteur :

Essai sur l'origine du langage et de l'écriture ; brochure in-8°
avec planches (1834).

Histoire de la condition des femmes chez les peuples de l'an-
tiquité ; 1 vol. in-8° (1839).

Le livre du cœur, ou entretiens des sages de tous les temps
sur l'amitié ; 1 vol. in-8° (1843).

Esprit moral et poétique du 19e siècle ; un vol. in-12 (1844).

Histoire morale de la Gaule ; un vol. in-8° (1847).

Promenades poétiques et Daguériennes. — I. Bellevue (Seine-et-Oise).
II. Chantilly (Oise). — Et pour paraître incessamment : III. Enghien-
les-Bains.

Paris. — Typographie et lithographie Félix Malteste et Cie,
Rue des Deux-Portes-Saint-Sauveur, 22.